Lerner SPORTS ROOKIE en español

PASIÓN POR EL FÚTBOL

LOS MEJORES EQUIPOS DE FÚTBOL DE TODOS LOS TIEMPOS

Emma Carlson-Berne

ediciones Lerner ◆ Mineàpolis

Dedicado a Greg, mi jugador de fútbol favorito

La última fecha de actualización de las estadísticas de este libro es el 20 de agosto de 2024.

Título original: *All-Time Best Soccer Teams*

La traducción al español fue realizada por Zab Translation.

ediciones Lerner
Una división de Lerner Publishing Group, Inc.
241 First Avenue North
Mineápolis, MN 55401, EE. UU.

Si desea averiguar acerca de niveles de lectura y para obtener más información, favor consultar este título en www.lernerbooks.com.

Fuente del texto del cuerpo principal: Mikado.
Fuente proporcionada por HVD fonts.

Library of Congress Cataloging-in-Publication Data

Names: Berne, Emma Carlson, 1979-author
Title: Los mejores equipos de fútbol de todos los tiempos / Emma Carlson-Berne.
Other titles: All-time best soccer teams. Spanish
Description: Mineápolis : Ediciones Lerner, [2026] | Series: Pasión por el fútbol (lerner sports rookie en español) | Original title: All-time best soccer teams. | Includes bibliographical references and index. | Audience: Ages 5-8 | Audience: Grades K-1 | Summary: "There's no "I" in team! Readers discover popular soccer tournaments and the great pro soccer teams that compete in them. Now in Spanish!"—Provided by publisher.
Identifiers: LCCN 2025018643 (print) | LCCN 2025018644 (ebook) | ISBN 9798765690338 lib. bdg. | ISBN 9798348028312 pbk. | ISBN 9798765692523 epub
Subjects: LCSH: Soccer—History—Juvenile literature | Soccer teams—Juvenile literature
Classification: LCC GV942.5 .B47618 2026 (print) | LCC GV942.5 (ebook) | DDC 796.33409—dc23/eng/20250730

Fabricado en los Estados Unidos de América
1-1012783-54904-5/23/2025

Contenido

¡Patada y gol!

El equipo nacional femenino de Estados Unidos estaba empatando con China en la Copa Mundial de 1999. Brandi Chastain pateó el balón. ¡Ganó Estados Unidos!

Hace mucho tiempo, las personas jugaban al fútbol con vejigas de cerdo rellenas con paja a modo de balón. ¡Las aldeas competían unas contra otras!

El fútbol moderno comenzó en el siglo XIX en Gran Bretaña. A partir de ahí, el juego se diseminó por toda Europa y los inmigrantes lo trajeron a Estados Unidos.

EL FÚTBOL POR DENTRO

Los británicos denominaron primero al juego como fútbol asociación.

Los jugadores de fútbol profesionales juegan en equipos o clubes para ganar torneos. Los jugadores profesionales también juegan en los equipos nacionales en la Copa Mundial y en los Juegos Olímpicos.

FC Barcelona es un equipo de España. Ha ganado más torneos españoles que ningún otro equipo. Lionel Messi jugó para FC Barcelona desde 2004 hasta 2021.

EL FÚTBOL POR DENTRO

Messi hizo 672 goles para FC Barcelona, más que cualquier otro jugador español profesional.

¡En 1970, el equipo nacional masculino de Brasil ganó la Copa Mundial! Su jugador estrella, Pelé, cautivó a la multitud con patadas y pases fantásticos.

sus fotos co

En 1985 se formó el equipo nacional femenino de Estados Unidos, que desde 1991 ha ganado cuatro Copas Mundiales. También ganaron cinco medallas de oro en los Juegos Olímpicos.

El equipo nacional femenino de Estados Unidos trabaja mucho y nunca se rinde. Esto les ayuda a ser uno de los mejores equipos del mundo.

EL FÚTBOL POR DENTRO

La ley estadounidense del Título IX indica que las deportistas femeninas deben tener las mismas oportunidades que los deportistas masculinos.

El equipo nacional femenino de España ganó la Copa Mundial en 2023. Gracias a ellas, más españoles se interesaron en el fútbol.

FIFA WOME
WORLD CUP
ORLD CHAMPIO

Los equipos de fútbol juegan en todo el mundo. Los porteros se lanzan al aire para atrapar balones. Los delanteros patean el balón hacia la red. ¡Observemos!

RAMSDALE
30

Glosario

inmigrante: una persona que se traslada a otro país

nacional: relacionado con el país o nación en su totalidad

vejiga: en los animales, una bolsa donde se junta la orina

Màs información

Krenn, Cara. *Las ligas de fútbol que están en lo más alto del mundo*. Mineápolis: ediciones Lerner, 2026.

Laughlin, Kara L. *Soccer*. Parker, CO: Child's World, 2023.

McDougall, Chrös. *Soccer*. Mineápolis: Early Encyclopedias, 2024.

Índice

Créditos por las fotografías

Créditos de las imágenes: John Todd/ISI Photos/Getty Images, p. 5; Lordprice Collection/Alamy, p. 7; duncan1890/Getty Images, p. 9; AP Photo/Daniela Porcelli/SPP/Sipa USA, p. 11; AP Photo/Manu Fernandez, p. 13; Rolls Press/Popperfoto/Getty Images, p. 15; Al Tielemans/Getty Images, p. 17; Justin Setterfield/Getty Images, p. 19; AP Photo/Patrick Hoelscher/News Images/Sipa USA, p. 21; AP Photo/Press Association, p. 23. Elementos de diseño: vid64/Getty Images; boytaro Thongbun/500px/Getty Images.
Portada: AP Photo/Joan Valls/Urbanandsport/NurPhoto.